AF555788

CADET ROUSSELL',

OU

LE CAFÉ DES AVEUGLES,

PIÈCE EN DEUX ACTES QUI N'EN FONT QU'UN,

EN VERS ET EN PROSE.

Représentée pour la première fois, sur le Théâtre du PALAIS VARIÉTÉS, *le 13 février 1793, et pour la soixantième fois, le 25 nivôse, l'an deuxième de la République Française.*

Par les Citoyens Charles TISSOT et Joseph AUDE.

On dit qu'i' g'nia rien d' si beau.
Cadet Roussell', scène IV.

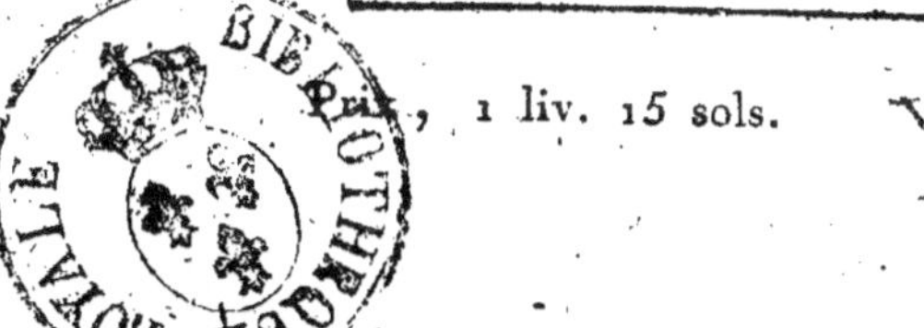

Prix, 1 liv. 15 sols.

A PARIS,

Chez la Citoyenne TOUBON, sous les galeries du Théâtre de la République, à côté du passage vîtré.

1794

AVIS DE L'ÉDITEUR.

Oh ! que c'est bête ! mais on y vient. L'affluence que cette pièce attire au Théâtre du Palais, nous détermine à l'imprimer. Si nous avons autant de débit qu'elle amène de spectateurs, nous dirons aux auteurs : *Oh ! que c'est superbe !*

Les journalistes qui en ont rendu compte ont exprimé le sentiment universel des mélancoliques guéris aux représentations de cette folie, en appelant médecins *Beaulieu*, *Pélissier*, *Frogères*, etc. qui en prolongent le succès. Les rôles les moins importans sont rendus avec une intelligence et une vérité dignes d'éloges.

Nous soussignés, déclarons avoir cédé à la Citoyenne TOUBON les droits d'imprimer et de vendre *Cadet Roussell', ou le Café des Aveugles*, nous réservant nos droits d'Auteurs par chaque représentation qu'on en donnera sur tous les Théâtres de la République française, nous autorisant du Décret des Représentans du Peuple sur les Auteurs dramatiques.

Signés CH. TISSOT et JOS. AUDE.

PERSONNAGES.	ACTEURS.

PERSONNAGES DE LA COMÉDIE.

CADET ROUSSELL'.	Le Citoyen BEAULIEU.
LE PÈRE ROUSSELL'.	Le Citoyen BAROTTEAU.
LA MÈRE ROUSSELL'.	La Citoyenne LA CAILLE.
LE PETIT ROUSSELL'.	Le Citoyen JOSEPH.
DURILLAC.	Le Citoyen FROGÈRES.
BONTEMS, maître du Café.	Le Citoyen DUVAL.
LOUISON, fille de Bontems.	La C. CHENIER jeune.
VIGAGNOLET, acteur du Café.	Le Citoyen PÉLISSIER.
MODESTE, actrice.	La Citoyenne PÉLISSIER.
BELLEPOINTE.	Le Citoyen HYPOLITE.
DEUX DE SES CAMARADES, Personnages muets.	
LE PÈRE DUBOIS.	Le Citoyen JOACHIM.
FIRMIN.	Le Citoyen TIERCELIN.
MLLE. DUBOIS.	La Citoy. MAUTOUCHET.
UN MARCHAND DE JOURNAL.	Le Citoyen BRUTUS.
UN BUVEUR parlant.	
VALCOURT, acteur de province.	

La Scène est au Café des Aveugles.

PERSONNAGES DE LA TRAGÉDIE.

MATAPAN, chef des barbares,	Le Cit. *Genest.*
CASCARINETTE, même actrice qui joue	*Modeste.*
PLUMINAR, même acteur qui joue	*Vigagnolet.*
VANTELMOR, même acteur qui joue	*Durillac.*
BLONDINET, même acteur qui joue	*Cadet Roussell'.*
ZÉMIRON, suivante de Cascarinette.	

La Scène est dans le Palais de Matapan.

CADET ROUSSELL',

OU

LE CAFÉ DES AVEUGLES,

EN DEUX ACTES FONDUS ENSEMBLE,

L'un, Comédie-opéra, L'autre, Tragédie en vers.

SITUATION DE LA SCÈNE.

Un théâtre sur un autre; par conséquent, deux toiles, dont la dernière n'est pas encore levée. Un comptoir dans lequel figure une limonadière de bonne mine, divers personnages indiqués dans les scènes de la pièce, trois aveugles formant l'orchestre du petit théâtre; et on voit çà et là plusieurs bols de punch en feu. On lit devant le petit théâtre une affiche illuminée annonçant Matapan, *ou* les Assassinats de l'Amour, tragédie.

SCÈNE PREMIÈRE.

LOUISON *dans le comptoir*, VIGAGNOLET *assis à une table, près du comptoir, tenant son rôle à la main*, FIRMIN, LE PÈRE DUBOIS, MLLE. DUBOIS *à la même table*, DURILLAC, MODESTE *jouant aux dames*, PLUSIEURS BUVEURS *hommes et femmes;* BONTEMS, *maître du Café, père de Louison, une serviette sous le bras*, PLUSIEURS GARÇONS *occupés à servir, etc.*

DURILLAC *jouant aux dames avec Modeste, déjà habillée en princesse. Il n'a que la culotte d'uniforme mahométane; son rôle est sur la table à côté de lui.*

ALLONS; nous avons encore un moment: il fait beau; boulez-vous sortir uné minute?

MODESTE.

Achevons notre partie, M. Durillac.

DURILLAC.

Notré partie! notré partie! Et mon rôle qu'il faut qué jé répasse! Ténez, régardez; Vigagnolet est plus sage qué nous, il s'occupe du sien; et vous savez qué jé commence la pièce avec lui.

MODESTE.

Le mien est parfaitement su. Je suis sûre d'y avoir de l'agrément. J'apprends difficilement; mais quand je retiens une fois, c'est pour tout de bon; je ne bronche pas plus qu'un therme.

FIRMIN.

A votre santé, père Dubois.

LE PERE DUBOIS.

A la vôtre, M. Firmin.

MLLE. DUBOIS.

Vous pouvez bien dire, M. Firmin, de boire à la santé de votre propre père, puisqu'il est dit que c'est fini, que nous allons conclure, et que vous allez avoir celui d'entrer dans la famille.

FIRMIN.

Vous avez raison, Mlle. Dubois; mais j'aurais craint d'être trop licentieux, en me permettant une liberté de ce genre auparavant la définition.

DURILLAC.

Eh bien, ma chere camarade, j'ai gagné : jé vais à dame, et jé té prends ton pion.

MODESTE.

C'est fini. Allons, occupez-vous de votre rôle.

DURILLAC.

Jé lé sais; cé n'est pas l'embarras. Ce n'est rien qué la mémoire. Le tout est dé donner de l'expression à cé qu'on dit, et du mouvément à cé qu'on fait. Tu as vu la sensation que j'ai faite dans le *Père barbare;* tu verras la terreur qué jé produirai dans *Matapan*, ou *les Assassinats de l'Amour.* C'est que nous avons dé ça, et qué sans ça, l'on ne fait rien. (*Il frappe son sein*). Tu as dé l'à-plomb, dé la diction, dé la profondeur; mais pas assez d'épanchément. Jé té lé dis en vrai camarade, et jé t'ajouterai avec franchise qué tu ne t'occupes pas assez dé corriger, ou d'adoucir du-moins ton accent picard. Jé né té cache pas qu'il m'a fallu cinq ans révolus d'observations et dé travail pour perdre lé mien.

MODESTE.

Ne croyez pas l'avoir perdu tout-à-fait. On voit bien encore...

DURILLAC.

Oh ! tant soit peu. Jé té dirai comment j'ai fait. Jé suis à ton service pour les conseils, pour tout. Ma plus grande gloire serait de former ton talent.

VALCOURT, *comédien de province, assis à une table.*

Il est bien inconcevable qu'avec un pareil accent, on veuille donner des leçons de déclamation !

DURILLAC.

Qué dites-vous, Citoyen ?... Est-ce à moi qué vous parlez ?

VALCOURT.

Et à qui donc ?

DURILLAC.

Eh bien ?

VALCOURT.

Eh bien, je dis que lorsqu'on a un accent comme vous l'avez, on s'en tient à jouer des gascons, et non à donner des leçons de tragédie.

DURILLAC.

Ah ! j'ai dé l'accent ?... Lé Citoyen prétend qué j'ai dé l'accent ?... Célui-là est un peu fort.

VALCOURT.

Il n'y paraît pas !

DURILLAC.

Non, sandis, il n'y paraît pas.... D'ailleurs, Citoyen, à cause que vous jouez la tragédie, il né faut pas avoir un air. Jé connais votré talent... Il n'est pas... prépondérant.

MODESTE.

Est-ce que tu as vu jouer la tragédie au Citoyen?

DURILLAC.

Certainément. De plus, il m'a fait lé plus grand plaisir; j'y ai ri comme un fou.

VALCOURT.

Insolent !

DURILLAC.

Point d'emportément !

VALCOURT.

Ah! je te corrigerai !

DURILLAC.

Citoyen, nous serons deux... Mais il faut que jé vous dise qué jé suis bien surpris dé votré conduite à mon égàrd, après tout cé qué vous mé dévez.

VALCOURT.

Eh! je ne te connais point; je ne t'ai jamais vu.

DURILLAC.

Cela vous plaît à dire. Cependant, vous m'avez dé grandes obligations: en un mot, vous êtes mon débiteur.

VALCOURT.

Que te dois-je? Voyons un peu.

DURILLAC.

Ce que vous mé devez? Eh! parbleu, le cinquième acte d'une tragédie qué tu n'as pu achever.

VALCOURT *s'avançant sur lui. Mais on les sépare.*

Imposteur!

DURILLAC.

Té rappelles-tu encore dé l'aventure qui t'est arrivée il y a deux ans?... C'était à Chartres en Beauce, où, par parenthèse, tu ne jetais pas un beau coton. Un jour que tu jouais *Orosmane*, au moment de *Zaïre, vous pleurez!* le parterre s'amusait à jouer à la main-chaude, et tu pris cela pour des applaudissemens.

VALCOURT *prend un tabouret, et veut en frapper Durillac : on les sépare.*

Oh! pour le coup, c'en est trop... Je vais...

BONTEMS, *maître du Café.*

Citoyens, pas de bruit, s'il vous plaît.

VALCOURT.

Citoyen Bontems, je suis bien aise de vous dire que, dès ce moment, vous n'avez plus ma pratique. (*Il sort.*)

BONTEMS.

Citoyen, comme il vous plaira. (*A Durillac.*) Eh bien, Citoyen Durillac, vous ferez toujours des vôtres... Vous chasserez bientôt tout le monde de chez moi.

DURILLAC.

Vous né perdrez pas beaucoup à cette dernière pratique; car il n'a pris qu'une bavaroise à l'eau... Allons, Modeste, en dépit de tout cé qu'on peut dire, tiré-moi ton rôle dé ta poche, et je t'indiquerai un endroit où tu peux exciter cé soir le plus grand enthousiasme, et faire faire la chair de din... dé poule.

LE PÈRE DUBOIS.

Garçon, une bouteille de cidre; nous allons la vuider en attendant le spectacle.

FIRMIN.

Demandez du poiré, Beau-père, si ça vous est égal. Je ne change jamais de boisson.

MLLE. DUBOIS.

Ah! M. Firmin, ce n'est pas pour vous reprocher votre savoir-vivre, qui est connu de toute la parenté; mais j'aurai celui de vous observer que quand mon papa demande de préférence une bouteille de cidre, c'est qu'il le préfère certainement.

FIRMIN.

Eh bien! une bouteille de cidre. Que ça me fait-il? Et je la paye.

LE PÈRE DUBOIS.

Laissez donc. Tenez, arrangeons ça. Au lieu de cidre et de poirée, prenons plutôt une bouteille de vin.

MLLE. DUBOIS.

Ça nous soutiendra davantage.

FIRMIN.

Je le veux bien. (*Au Garçon qui apporte le cidre.*) Remportez ça, Citoyen, et donnez une bouteille de vin.. là... du coin... Vous savez... nous sommes des pratiques!

LOUISON *à Vigagnolet occupé à faire des gestes.*

Eh bien! êtes-vous bien sûr de vous, M. Vigagnolet? l'avez-vous bien dans la tête?

VIGAGNOLET.

Ah! Mamselle, tout-à-fait. Mais quoique ça, je tremble comme la feuille. C'est moi qui parais le premier de tous avec Durillac qui fait mon confident. Nous aurons du monde. Le café s'emplit comme tout, et une tragédie nouvelle, ce n'est pas comme une farce, au moins!

LOUISON.

Ce n'est pas la première fois que vous jouez dans ce genre de rôle-là!

VIGAGNOLET.

Pas si fort que celui d'aujourd'hui. Mamselle, savez-vous que j'ai quatre cents vers, et tout ça dans les exclamations les plus fortes. Ça me tue la poitrine.

LOUISON.

Prenez garde de vous blesser.

VIGAGNOLET.

Oh! je ménage mes moyens, et jé tâche de me refaire.

LOUISON.

Est-ce que vous n'allez pas vous habiller ? Il est six heures.

VIGAGNOLET.

Oh ! j'ai le tems. Cadet Roussell' n'est pas tant seulement encore arrivé.

DURILLAC *à Modeste.*

Concévez-vous bien, Mademoiselle ? Boilà lé tact.

LOUISON.

Pour un acteur qui débute aujourd'hui, ce Monsieur Cadet Roussell' n'est guères pressé... Ce Monsieur fait le fendant.

VIGAGNOLET.

C'est bien pour ça qu'on vous le destine.

LOUISON.

Si mon père m'avait écoutée, il n'aurait pas fait cette emplette ; mais il a pensé que sa réputation nous attirerait du monde.

VIGAGNOLET.

Jolie réputation !

LOUISON.

Je ne l'aime pas plus que vous.

VIGAGNOLET.

Et quoique ça, il sera votre mari! Ça est entré dans le marché, s'il réussit. Et moi, qui suis ici premier acteur depuis dix-huit mois, je me verrai couper l'herbe au menton, après les promesses de votre père et les vôtres au sujet de notre mariage!

LOUISON.

Vous êtes toujours méfiant. Ne craignez rien. Songez à vous surpasser aujourd'hui. Vous n'avez pas de tems de reste : allez vous habiller. Vous descendrez plutôt après, si vous voyez qu'on ne commence pas.

VIGAGNOLET.

Allons, Mademoiselle, j'y vas. Si Bellepointe vient, dites-lui que je me recommande à ses amis.

LOUISON.

Vous n'avez pas besoin de me faire observer tout ça.

VIGAGNOLET.

C'est qu'il y aura de la cabale, vous voyez.

SCÈNE II.

LES MÊMES, *hors* VIGAGNOLET, UN MARCHAND DE JOURNAL, M. BONTEMS *ensuite*.

UN BUVEUR.

DE la bière, Garçon!

LE GARÇON.

Voilà.

MODESTE.

Je profiterai de votre leçon, M. Durillac. Quand nous serons en scène, regardez-moi, ou faites semblant de tousser, afin que je me souvienne de l'endroit.

DURILLAC.

Né vous inquiétez point. Né mé perdez pas de vue; jé vous ferai tout rémarquer.

M. BONTEMS.

Cadet Roussell' n'est pas encore venu?

LOUISON.

Non, papa.

M. BONTEMS.

C'est très-étonnant. Il se fait tard.

LE PERE DUBOIS ET FIRMIN.

La musique!

TOUS.

La musique!

UN AVEUGLE *joue et chante un air.*

Les femmes et le vin,
Cela m'accommode.
Je n'ai jamais de chagrin;
C'est la bonne méthode.
Lorsque je vuide un flacon,
Je suis fort à mon aise.
Quand je suis près d'un tendron,
Je suis chaud comme braise.
Les femmes et le vin, etc.

Je sais que je n'y vois pas;
C'est un malheur sans doute;
Mais je trouve, en certains cas,
Comme un autre la route.
Les femmes, etc.

Sans gaîté, point d'agrément,
Même dans la jeunesse.
On dit que contentement
Passe toujours richesse.
Les femmes, etc.

SCÈNE III.

LES MÊMES, BELLEPOINTE, DEUX SOLDATS *ses camarades.*

BONTEMS.

L'ORCHESTRE! Allons, mes enfans. Ah! voilà Bellepointe!

BELLEPOINTE *à Louison.*

Bonjour, belle enfant. (*A Bontems.*) Bonjour, papa. (*A Louison.*) Toujours appétissante et fraîche! Un bol de punch et trois verres, père Bontems; et buvez un coup avec nous.

BONTEMS.

Mille graces, mon cher ami; tu vois le monde que j'ai à servir.

BELLEPOINTE *s'attablant avec ses camarades.*

Liberté, *libertas.*

LE MARCHAND DE JOURNAL.

Voilà le *Journal de la rue de Chartres*, *des imprimeries des frères Chaigneaux.*

BELLEPOINTE.

Ici, mon fils.

LOUISON.

M. Bellepointe! (*Il se lève avec empressement.*) Je n'ai pas besoin de vous recommander Vigagnolet. Vous savez que ce maudit Cadet Roussell' vient débuter aujourd'hui dans son emploi, et que mon papa prétend, s'il réussit, me marier avec lui. Ça est entré dans son engagement.

BELLEPOINTE.

Ne craignez rien, l'amour, ne craignez rien. Je suis ici pour ça. Nous avons pris nos mesures. Voilà des bons garçons. A bas le débutant. C'est dit.

LE MARCHAND.

Citoyen, voilà le journal.

BELLEPOINTE.

Attends. Laisse-nous boire un verre de punch. Sans-Gêne, à ta santé; Latulipe, à la tienne. Donne. Voyons un peu ce qu'il chante. Ha-ha! on s'occupe de la nourriture et des vêtemens des braves soldats de l'armée. Bonne nouvelle. Tiens, mon ami, voilà cinq sols.

LE MARCHAND.

Merci, mon bon Citoyen.

BELLEPOINTE *lisant.*

« Les besoins du soldat seront constamment à l'ordre » du jour ». Bravo! bravo! nous serons les plus forts.

MLLE. DUBOIS *cassant un verre.*

Garçon, un verre à patte.

BELLEPOINTE.

Ma foi, mes chers amis, cette lecture me ranime. J'aime à voir qu'on rende justice aux soutiens de la République. Tiens, regarde comme on y traite l'armée; et redis-moi la chanson de ce matin.

LATULIPE.

LATULIPE.

Tu la sais, mon ami, et tu la chantes mieux que moi.

BELLEPOINTE.

Eh bien, camarade, chorus! Buvons un coup auparavant, à la santé des braves volontaires de la Champagne, et aux vainqueurs de la Belgique. Commençons. Eh! l'orchestre, accompagne-nous. Ça intéresse tout le monde. Les soldats français! les soldats français!...

BELLEPOINTE.

(L'orchestre des Aveugles accompagne).

AIR *de l'Amant statue.*

Près de Mons, où du carnage
On menaçait nos soldats,
Ils redoutaient l'esclavage;
Mais ils marchaient au trépas.
En guerre, en fête,
A Cythère, et dans les camps,
Des belles et des tyrans,
Aisément ils font la conquête.

Toute la table répète en chœur le refrein.

Dans les plaines de Champagne,
Volant au bruit du canon,
Il préfère une campagne
A l'espoir de sa moisson.
Sans nourriture,
Il conserve sa gaîté.
L'hymne de la liberté
Le guérit des maux qu'il endure.

Chantons nos troupes guerrières.
Du haut des forts des tyrans,
Trois cents bouches meurtrières
Tonnaient en vain sur nos rangs.

Fermes et braves,
Fiers d'un triomphe nouveau,
Ils arborent leur drapeau
Sur les redoutes des esclaves.

BELLEPOINTE *versant à boire.*

Allons, camarades : *Vivat*; à la santé de la République.

SCÈNE IV.

LES MÊMES, VIGAGNOLET *habillé en Turc.*

BONTEMS.

ET les autres, où sont-ils ? Comment ! personne de prêt? Durillac, Mademoiselle, que faites-vous-là? On va commencer; vous n'êtes pas encore habillés ?

DURILLAC.

Cadet Roussell' n'est pas encore bénu.

BONTEMS.

Il arrive. Allez donc vous préparer.

DURILLAC.

Mlle. Modeste est habillée, et vous savez qué jé lé suis en un clin-d'œil. Cé n'est jamais moi qui impatiente le public. On peut lever la toile quand on voudra. Viens, Modeste.

MODESTE *s'en allant.*

Et ta tabatière que tu oubliais !

DURILLAC.

Ah ! j'étais propre; c'était autant de flambé (*Ils sortent*).

VIGAGNOLET.

Moi, voilà qui est fini. Je suis de la première scène.

BELLEPOINTE.

Ah! Vigagnolet! te voilà. Un verre de punch. Ça te donnera de la force. Il faut en détacher, mon ami! C'est ce soir qu'il faut se montrer!

VIGAGNOLET.

Ne t'embarrasse pas!

BELLEPOINTE.

Elle est jolie, la tragédie de ce soir!

VIGAGNOLET.

Superbe. J'y sue sang et eau. Tiens, regarde le titre seulement: *Matapan*, ou *les Assassinats de l'Amour.*

MLLE. DUBOIS.

Nous allons avoir bien du plaisir, M. Firmin.

FIRMIN.

Quand nous serons mariés?

MLLE. DUBOIS.

Non; je parle du spectacle de ce soir.

UN BUVEUR.

La musique!

MLLE. DUBOIS.

L'*Ouvèrture d'Arphiginie!*

BELLEPOINTE *et tout le Café.*

Cadet Roussell', Cadet Roussell'!

BONTEMS *montant sur un tabouret pour ramener le calme.*

Citoyens, tout dévoué aux plaisirs du public dans mon café, ce n'est pas seulement la chanson de Cadet

Roussell' que j'aurai l'honneur de lui offrir, mais le personnage lui-même. Je l'ai engagé à mon théâtre pour le divertissement et la récréation de tous les citoyens.

TOUS.

Qu'il paraisse.

UNE VOIX.

Commencez.

BONTEMS.

Citoyens, nous l'attendons... Mais heureusement, le voici.

SCÈNE V.

LES MÊMES, CADET ROUSSELL', LE PÈRE ROUSSELL', LA MÈRE ROUSSELL', LE PETIT ROUSSELL' *portant le paquet de son frère.*

(*Les Aveugles jouent la ritournelle de Cadet Roussell'.*)

TOUS *chantent.*

Eh! oui, vraiment,
Cadet Roussell' est bon enfant.

BONTEMS *tirant sa montre.*

Vous vous êtes bien fait attendre, M. Cadet; voyez.

CADET ROUSSELL'.

Dame, il faut avoir le tems de faire son paquet.

LA MÈRE ROUSSELL'.

Figurez-vous, M. Bontems, que lorsqu'on est sur le point de paraître en public, il faut s'y préparer pour mériter l'applaudissement des spectateurs. Mais ce n'est pas ce qui nous a retardés le plus. Il faut vous dire que nous ne trouvions pas son doliman, avec quoi il a travaillé dernièrement au Pont-aux-Chaux dans la pièce de *Zaïre*.

CADET ROUSSELL'.

J'en ai une frayeur...

LE PÈRE ROUSSELL'.

Et moi aussi.

CADET.

C'est que c'est du... Vous le verrez tout-à-l'heure en cramoisi de velours bleu, avec des franges d'or massif larges comme votre figure. C'est superbe. Vous allez voir.

BONTEMS.

Allons, un peu de diligence, mon ami. Allez vous habiller. Vous n'êtes pas encore coëffé?

CADET.

Oh! dans cette pièce-ci, je ne me fais pas mettre de papillottes: il ne faut pas être coëffé. Je jouerai comme je suis, tout bêtement, sans poudre, en brun.

BONTEMS.

Tant mieux; car le public attend: vous le voyez.

CADET.

V'là que j'y suis. Que je dise seulement un petit bonjour à celle qui m'est destinée... Mademoiselle, bonjour. Vous allez voir...

LOUISON.

Bonsoir, Monsieur.

CADET.

Ha-ça, Beau-père, nous sommes convenus de 35 sous par jour. Je ne joue pas à moins.

LE PÈRE ROUSSELL'.

Oh ! ça, c'est la vérité. Je ne le souffrirai pas ; il n'a jamais moins gagné.

BONTEMS.

Allez, nous n'aurons pas de difficulté pour ça.

CADET ROUSSELL'.

Vous pouvez faire jouer les ouvertures. Je suis chaussé ; je ne veux que trois minutes pour me mettre sur mon costume. (*A son petit frère.*) Allons, suivez-moi dans ma loge. Papa, prenez une bonne place, en face, avec ma chère mère, et faites-vous donner la bouteille de cidre qui me revient.

BONTEMS.

Garçon, une bouteille de cidre au père Roussell'.

SCÈNE VI.

LES MÊMES, *hors Roussell' et Vigagnolet.*

BELLEPOINTE.

OUI, va t'habiller, va ; nous t'attendons à la tragédie. Eh bien, camarades, nous ne buvons pas ? Trois verres d'Andaye.

LE PÈRE DUBOIS.

M. Firmin, c'est ma fille. Je vous ai dit ses défauts comme ses bonnes qualités. C'est à vous de faire vos réflexions, de la prendre ou de la laisser ; ça vous regarde.

FIRMIN.

Père Dubois, je n'ai qu'une parole. Cette alliance me convient, et c'est fini.

MLLE. DUBOIS.

J'espère ben que ça doit être votre sentiment, après m'avoir, pour ainsi dire, violentée, pour me faire divorcer d'avec celui qui avait mon cœur et tout, quand il était honnête, et qu'il avait des égards pour moi...

FIRMIN.

Je ne vas pas au contraire de ça, et je vous regardé comme ma femme.

MLLE. DUBOIS.

Si je, ne l'avais pas cru, je ne me serais pas abandonnée certainement à votre bonne-foi.

FIRMIN.

Il ne faut qu'un mot pour ça. Donnez-moi la main, père Dubois; demain, nous baclons l'affaire.

LE PÈRE DUBOIS.

Tu ne m'accuseras pas de t'avoir caché ses défauts. Elle est paresseuse.

FIRMIN.

Elle sera toute autre avec moi.

DUBOIS *chante.*

AIR *du Curé de Pomponne.*

En épousant ma fill' que v'là,
Firmin, j' te le confesse,
C'est un trésor que j' te donn' là;
Mais fais-moi la promesse
Qu'all' se relevera,
Lalira,
Du péché de paresse.

(*Tous trois ensemble.*)

LA FILLE.

Il me relevera, etc.

FIRMIN.

On la relevera, etc.

DUBOIS.

Qu'all' se relevera, etc.

LA FILLE.

Je vous promets, mon cher papa,
Qu' dans peu, j'aurons d' l'adresse.
D'ailleurs, mon époux m'apprendra
Le mot de politesse;
Il me relevera, etc.

FIRMIN.

On la relevera, etc.

DUBOIS.

Il te relevera, etc.

UNE VOIX.

Commencez donc la Tragédie.

UNE AUTRE.

La musique!

BELLEPOINTE.

La chanson de Cadet Roussell'!

VIGAGNOLET *passant devant la toile non levée.*

Citoyens, sur la minute on commence. Mais il nous est survenu un acteur de manque. Un amateur s'est chargé du rôle; et ça ira. (*Faisant signe au Souffleur, qui est à une table, d'aller du trou.*) Souffleur, à votre poste.

L'AVEUGLE.

AIR *de Cadet Roussell'.*

Cadet Roussell' va débuter; (*bis.*)
C'est un luron qu'on peut citer. (*bis.*)
Monsieur Rekain fut son modèle;
Que direz vous d' Cadet Roussell'?

Ah! oui vraiment,
Cadet Roussell' est bon enfant.

Sur ce comédien peu commun, (*bis.*)
Consultez Chaillot et Melun; (*bis.*)
Lisez les gazettes nouvelles;
Tout parle de Cadet Roussell'.
Ah! oui vraiment, etc.

Que ceux qui meurent de chagrin (*bis.*)
Prennent Cadet Roussell' pour médecin; (*bis.*)
Tous les docteurs et leurs séquelles
Ne valent pas Cadet Roussell'.
Ah! oui vraiment, etc.

TRAGÉDIE
EN UN ACTE ET EN VERS.

SCÈNE PREMIÈRE.

PLUMINAR, VANTELMOR.

VANTELMOR.

Dans cé palais pompeux, justé ciel! Blondine
Sous des dehors si doux, cache un si noir projet!
Ah! cette découverte a dé quoi mé confondre...
Cher Pluminar!

PLUMINAR.

Ecoute, avant de me répondre.

VANTELMOR.

Non, jé suis trop saisi.

PLUMINAR.

Tâche de t'affermir.
Si j'ajoute un seul mot, je te verrai frémir,
Tomber d'effroi...

VANTELMOR.

Tomber? Jé vais prendre uné chaise;
Vous, prénez cé fauteuil pour parler à votre aise.

PLUMINAR.

Un fauteuil! quand l'horreur précipite mon sort;
Un fauteuil! quand je veux la vengeance ou la mort;
Un fauteuil! quand je cherche un scélérat insigne;
Un fauteuil! Moi m'asseoir!... Vois comme je trépigne.

C'est l'indignation, l'horreur, le désespoir...
Qu'il est cruel d'aimer, de haïr... de déchoir!
Pourras-tu bien m'entendre ? Une trame secrette
Ce soir, à mon amour ravit Cascarinette.

VANTELMOR.

Vous l'avez déviné; jé tombe évanoui.

PLUMINAR.

Vantelmor!

VANTELMOR.

Pluminar! dieux! quel crime inoui!
Qui l'ose méditer?

PLUMINAR.

C'est l'homme à double face,
Qui, pour mieux assurer ma honte et ma disgrace,
Caresse tour-à-tour le peuple et Matapan.
Le traître réussit. J'ai tout appris d'Isman.
C'est la dot; non la main, le rang, non la conquête
Que l'adroit scélérat voit dans Cascarinette.
Tandis que dévoré du plus ardent amour,
Je ne dors plus la nuit, et je pleure le jour.

VANTELMOR.

J'approuve tous vos maux, jé partage vos larmes.
Qué faire? qué résoudre en ces momens d'allarmes?
Ah! qu'opposer, hélas! à cet excès d'horreur?

PLUMINAR.

Celle qui m'adorait me fuit avec humeur;
Son père qui connaît ma valeur, ma franchise,
A changé tout d'un coup comme le vent de bise;
Et mon rival heureux, pour combler mon affront,
Enfonce, en me voyant, son chapeau sur le front.
Dans cette extrémité, parle, que dois-je faire?

VANTELMOR.

Je vous parlerais bien; mais j'aime mieux me taire.

PLUMINAR.

Ah! mon cher Vantelmor, donne-moi tes avis.
Il épouse demain. Je tremble, je frémis.
Trouve un expédient ; point d'excuse frivole.

VANTELMOR.

Jé mé résigne donc... Voyez cetté fiole......
C'est lé tout pour lé tout qué vous voulez risquer.
Si vous voulez mourir, s'il faut vous embarquer
Sur lé fleuve qui mène au séjour dé la parque,
Qu'au moins votré rival entre dans la barque.
Dé n'être point jaloux, il faut fairé semblant.
Invitez-le à souper : il aime le vin blanc;
Avec du Condrieux mêlez bien cetté eau forte.
S'il en boit...

(*Dispute entre le Souffleur et l'Acteur.*)

LE SOUFFLEUR.

Qu'il en boive....

DURILLAC.

S'il en boit...

LE SOUFFLEUR.

Qu'il en boive... « Je sais lire, peut-être. (*Il quitte son trou.*)

DURILLAC.

» Pétit Souffleur, pétit Souffleur, né prenez donc » pas un ton. J'espère que jé suis au-dessus dé vous. »

LE SOUFFLEUR.

» Regardez si j'ai tort.

DURILLAC.

» Voyons un peu ». Avec du Condrieux, mêlez bien, etc. Qu'il en boive, etc. « Ah ! jé crois qué lé » petit a raison ».

LE PUBLIC.

» Allons, continuez la Tragédie ».

(On continue.)

PLUMINAR.

Devoir ! nature ! amour ! jour de sang ! jour affreux !
Incomparable ami, c'est un trait lumineux...

VANTELMOR.

Pour l'entendre passer, il faut qué jé mé campe.
Déjà la nuit s'accroît... Eh ! baissez donc la rampe.

PLUMINAR.

Quelqu'un vient... Dieux ! c'est lui... Cascarinette aussi...
Qui peut, en ce moment, les amener ici ?
Que cherchez-vous, Seigneur? Pardon, belle princesse!

SCÈNE II.

LES PRÉCÉDENS, BLONDINET, CASCARINETTE.

BLONDINET.

Je ne cherche que vous, et votre aspect me blesse.

CASCARINETTE.

L'orage sur ma tête est tout prêt à gronder.

BLONDINET.

Un grand homme, Seigneur, ne doit jamais bouder.
Terminez d'un seul mot ma vie ou mes alarmes ;
Voyez mon désespoir, et contemplez ces larmes.
Vous l'aimez...

CASCARINETTE.

Il est vrai.

PLUMINAR.

Non, je ne l'aime plus.

CASCARINETTE.

Justes dieux !

VANTELMOR.

C'est céla.

PLUMINAR.

Les ordres absolus
De Matapan, qui veut un héros pour son gendre,
A ce pompeux hymen me défendent de prétendre.
Seigneur, soyez heureux.

BLONDINET.

Ah ! mon cher Pluminar !
Pardonnez une erreur, que j'abjure trop tard.
L'amour est soupçonneux, quand l'amour est extrême.
Mon cœur vous haïssait, je m'abhorre moi-même.
Mais je suis généreux, je connais la grandeur ;
J'ignore l'art de feindre et de contraindre un cœur :
Je n'abuserai pas des volontés d'un père ;
Choisissez entre nous celui qui sait vous plaire.

CASCARINETTE.

Pluminar, je l'avoue, alluma dans mon sein
Ce premier feu naissant qui met mon sexe en train.
Mais puisque à mes appas il renonce sans peine,
J'imite son exemple, et je brise ma chaîne.

BLONDINET.

Comment ?...

CASCARINETTE.

Voyez son flegme à l'aspect d'un rival.
Il l'embrasse au moment du lien conjugal,
A l'instant de m'avoir, et d'entrer dans ma couche.
S'il avait eu du cœur, il aurait pris la mouche.

BLONDINET.

Que voulez-vous qu'il prenne, alors que Matapan
Vous destine en ce jour un vainqueur pour amant?
Pluminar obéit; il est très-excusable.
Cependant à vos yeux s'il était plus aimable,
Plus séduisant que moi...

CASCARINETTE.

Non, ne le croyez pas;
Je préfère à sa main la mort ou le trépas.

BLONDINET.

Il faut vous résigner!

VANTELMOR.

J'entends minuit qui frappe.
Vous n'avez point mangé; faut-il mettre la nappe?

PLUMINAR.

Hélas! je n'ai pas faim.

BLONDINET.

Moi, j'ai soif, et beaucoup.

PLUMINAR.

Rival trop généreux, voulez-vous boire un coup?

BLONDINET.

Avec très-volontiers.... Un moment, ma princesse.
Votre père est couché; restez, rien ne vous presse.
Buvez...

CASCARINETTE.

Me croyez-vous des sentimens si bas?
La fille d'un Soudan ne boit qu'à ses repas.

BLONDINET.

J'y consens; mais restez...

CASCARINETTE *à part.*

Pluminar! Ah! le traître!
Il ne m'aima jamais. Quel calme il fait paraître!
Demeurons; aussi bien je ne pourrais dormir.

VANTELMOR.

C'est un dindon, Seigneur, qu'on vient de vous servir.

PLUMINAR.

Préparons le poison...

CASCARINETTE.

Princesse infortunée!

VANTELMOR *versant le breuvage, marque le verre.*

Va, cette nuit sera ta dernière journée.
Blondinet, tu prendras le breuvage fatal.
Je vois Cascarinette aux mains de ton rival.

PLUMINAR.

Princesse, asseyez-vous.

CASCARINETTE.

Oh! n'y prenez pas garde.

VANTELMOR.

N'empoisonnons pas l'un pour l'autre, par mégarde!
Il faut marquer le verre.

BLONDINET.

Incomparable objet,
De ta présence auguste embellis ce banquet.
(*Il va la prendre, et l'assied par force. Pendant ce tems, Vantelmor fait observer le verre empoisonné.*)

VANTELMOR.

C'est celui-là. Voyez, c'est l'eau forte.

PLUMINAR.

A merveille!
Traître! tu vas périr.... Le beau jus de la treille!
La coupe d'amitié se présente à vos yeux;
Prenez...

BLONDINET.

A la santé d'un astre précieux!

Le premier Théâtre recommence.

LE PÈRE ROUSSEL.

LE PERE ROUSSELL'.

» Cadet, Cadet, ne bois pas ça... C'est d' la poison»

LA MÈRE ROUSSELL'.

» Oui, mon fils, on veut te jouer un mauvais tour.

BLONDINET *arrivant au bord de la scène le verre en main.*

» Mais, mon dieu, ne vous inquiétez donc pas. On
» dit que c'est d' la poison à cause que c'est une tragé-
» die; mais tout ça c'est pour rire... C'est du cidre,
» mon papa; j'y vois clair.

LE PERE ROUSSELL'.

» Je ne veux pas que tu le boives, je te le dis; j'ai
» entendu les autres quand tu n'y étais pas... (*On rit*).

BLONDINET.

» Mais, mon papa, la compagnie se moque de
» vous. Vous ne savez donc pas que ce sont des men-
» teries qu'on dit, quand on fait des gyries sur le
» théâtre.

BONTEMS.

» Père Roussell', nous sommes incapables de faire des
» traîtrises à votre fils... Tout ça c'est pour badiner;
» c'est dans la pièce...

LE PERE ROUSSELL'.

» Eh bien, faites boire les autres... Je ne veux pas
» que Cadet commence.

TOUS.

» Ha-ha-ha ! Allons, continuez. La tragédie ! la
» tragédie !

BELLEPOINTE.

» Vous ne voyez pas, papa, que c'est pour la fiole ».

PLUMINAR.

Oublions à jamais nos malheurs et nos haines.

VANTELMOR.

L'eau-forte a réussi ; la mort est dans ses veines.

CASCARINETTE.

Qu'avez-vous, Blondinet? Quelles convulsions!

BLONDINET.

Je crois sentir en moi le feu des passions.
J'éprouve à vos côtés, belle Cascarinette,
Un transport, une rage, une crise complette.
Eh! qui donc a changé mon être en un moment,
L'ésprit, le corps, le cœur, l'estomac? Quel tourment!
A-t-on laissé tomber du tabac dans mon verre?

VANTELMOR.

Jé ló vois au moment dé sé rouler par terre.

BLONDINET.

Je n'en puis plus, je meurs. Prenez soin de mes jours.

CASCARINETTE.

Dieux! ses yeux égarés!...

BLONDINET.

Au secours, au secours!

LE PERE ROUSSELL'.

« Qu'est-ce que c'est que tout ça, Cadet?

LA MERE ROUSSELL'.

» Cadet!... Miséricorde...

BONTEMS.

» Restez, restez donc, père Roussell'. Tout ça n'est
» qu'un jeu.

BLONDINET *se lève et s'avance.*

» Papa, je vous dis que ce n'est rien. Je n'ai pas
» plus de mal que rien du tout.

BLONDINET.

Ciel! quels déchiremens! quelle affreuse lumière!
Serait-ce du poison qu'on a mis dans mon verre?
Au secours, au secours!

PLUMINAR.

Seigneur, que je vous plains!...

VANTELMOR.

Vite, allons prudemment chercher des médecins.

SCÈNE III.

BLONDINET, CASCARINETTE.

CASCARINETTE *en pleurs.*

Hatez-vous, ciel vengeur! Nuit fatale et tragique!
Blondinet, répondez, qu'avez-vous?

BLONDINET *plus calme.*

La colique...
C'est après avoir bu... Juste ciel! quel soupçon!...
Ils viennent, j'en suis sûr, de fuir de la maison.
Pluminar avait l'air de me céder sa femme...
Vous prépariez tous deux cette infernale trame!
Mais ma force redouble à l'instant de mourir.
Dis ton *confiteor*, barbare : il faut périr...

CASCARINETTE.

Moi, Seigneur?...

BLONDINET.

J'ai des yeux... Le vin de cette coupe...
Est-il comme celui que l'on boit quand on soupe?...
Il en reste ; regarde.

CASCARINETTE.

Ah! croyez...

BLONDINET.

Réponds-moi.
Dis-moi tout, ou la mort...

CASCARINETTE.

Vous me glacez d'effroi!

BLONDINET.

Réponds.

CASCARINETTE.

Je vais parler.

BLONDINET.

Je ne veux rien entendre.
Parle : d'où vient ce vin ? Chez qui l'a-t-on pu prendre
Après minuit sonné ?...

CASCARINETTE.

J'ose me figurer,
Que Pluminar jaloux...

BLONDINET.

Je vais te massacrer,
Si tu n'ouvres mes yeux sur ce complot infâme.

CASCARINETTE.

Je présume...

BLONDINET.

Abominable femme!
Je ne pourrai de toi tirer la vérité!
Vois ce fer... vois la mort... crains ma férocité...

« Ha-ça ! qu' est-ce qui jette des boulettes ? Papa, » soignez donc un peu dans le café. Qu'est-ce que c'est » que ces cabaleurs-là ? Citoyens, nous sommes ici » pour le plaisir et l'amusement du public ; et cela ne » vous donne pas le droit de nous crosser... Si quel- » qu'un m'en veut, il n'a qu'à me le dire : en sortant, » je lui ferai son affaire. Oh ! je suis sûr que je n'ai pas » donné ce billet gratis ».

Vois ce bras, vois la mort...

» Voilà qu'ils me font tromper ; ça dérange un acteur » en scène. Où en étais-je, souffleur » ?

LE SOUFFLEUR.

Crains ma férocité...

BLONDINET.

Vois ce bras, vois sa mort, crains ma férocité!
Je ne verrai pas seul le royaume des ombres!
Tu suivras ton amant sur les rivages sombres.
La rage est dans mon cœur plus forte que l'amour;
Tremble, prépare-toi; voici ton dernier jour.
Détournons nos regards... Son air simple et novice
M'amolit au moment du plus dur sacrifice.
Malheureuse! ces cris précurseurs de la mort,
T'annoncent les horreurs et la fin de ton sort.
A genoux...

CASCARINETTE.

Ah! mon dieu! mon dieu! je vous implore!

BLONDINET.

Tu n'as plus qu'un moment.

CASCARINETTE.

Daignez suspendre encore,
Mon père.

BLONDINET.

Il est couché; tu ne le verras plus.

(*Il cherche à ses côtés son sabre qu'il a oublié*).

» Et mon sabre! est-ce que je l'aurais oublié? Chi-
» nard, Chinard, prête-moi ton sabre, je n'ai pas le
» mien; voici le moment de la tuer.

CHINARD.

» Ma foi, je ne prête pas mes affaires. Et puis quand
» même, je l'ai laissé à la maison.

BLONDINET.

» Je t'en prie, mon ami, prête-moi donc tant seu-
» lement ton couteau à manche de nacre.

CHINARD.

» Pardieu oui! tu me le gâterais.

BLONDINET.

» Non, mon ami, je t'en réponds. Comment veux-tu » que je la tue?

CHINARD.

» Eh! donne-lui un coup de pied.

BLONDINET.

» Bon, merci... Où en étais-je, Souffleur?

LE SOUFFLEUR.

Mon père...

BLONDINET.

» Dis : Mon père. »

CASCARINETTE.

Mon père.

BLONDINET.

Il est couché; tu ne le verras plus.

CASCARINETTE.

Seigneur, ce n'est pas moi.

BLONDINET.

Ta frayeur, ton silence,
Tout a prouvé ton crime; et voici ma vengeance.

CASCARINETTE.

Arrêtez, arrêtez!

BLONDINET.

Ni retard, ni pitié,
Meurs, expire, perfide!

CASCARINETTE.

O ciel! quel coup de pied!
C'en est fait, et la mort...

BLONDINET.

J'ai consommé mon crime.
Je meurs empoisonné; mais voilà ma victime.
O rage! ô désespoir! ô forfaits inouïs!

SCÈNE IV.

LES MÊMES, MATAPAN, GARDES.

MATAPAN.

HOLA! gardes, à moi... Dieux! quels horribles cris!
Apportez des flambeaux. Ciel! ma fille expirante!
Blondinet étendu! Quelle scène effrayante!
Allez, volez, cherchez. Au meurtre, à l'assassin!

BLONDINET *mourant.*

Pluminar à tous deux nous a percé le sein.

MATAPAN.

Pluminar! Qu'en ces lieux on amène le traître!
Ma fille! elle me voit, et ne peut me connaître!
Ma fille!...

CASCARINETTE *expirante.*

Mon papa!

MATAPAN.

Viens, mon cœur, viens, mon sang!
Quel est le meurtrier qui t'a percé le flanc?

BLONDINET.

Qu'importe, quand la mort dévore mes entrailles,
Que l'on m'enferme ou non entre quatre murailles?

SCÈNE V.

LES MÊMES, PLUMINAR, VANTELMOR, GARDES.

UN GARDE.

Voici le scélérat !...

MATAPAN.

Ah ! monstre, te voici !
C'est toi !

PLUMINAR.

Ce n'est pas moi.

CASCARINETTE.

C'est lui.

VANTELMOR.

Cé n'est pas lui.

MATAPAN.

Enchaînez-les tous deux auprès de la fenêtre.
De leur dernier moment mon œil veut se repaître.

CASCARINETTE.

Mon père, approchez-vous, ouvrez-moi donc vos bras.
Je meurs...

MATAPAN.

Je veux te suivre... O triples scélérats !

VANTELMOR.

Ecoutez donc, Seigneur, c'est la vérité pure ;
C'est Blondinet.

MATAPAN.

Brigand, l'horreur de la nature,
Le bonheur qui me reste est d'être ton bourreau.
Meurs ! meurs ! (*Il poignarde tous les Acteurs.*)

PLUMINAR, VANTELMOR.

Dieux !

MATAPAN *allant à sa fille, et se poignardant sur son corps.*

Je te suis dans la nuit du tombeau.

(*Il tombe*).

BLONDINET *seul respirant.*

Tout est mort ; et malgré le feu qui me dévore,
En dépit du poison, seul je subsiste encore.

(*Il se met à genoux près de la rampe.*

O ciel ! je le vois bien, c'est pour mieux me punir,
Que tu me rends ici le plus dur à mourir.

(*Dernière boulette. Il se lève fâché.*)

« Encore des boulettes !... Ah ! par exemple..... nous
» allons voir... Je vois qu'il y a ici des gens qui s'a-
» musent à mes dépens... Ce n'est pas aux citoyens que
» je m'en prends ; mais le maître du café peut chercher
» un autre acteur.

LE PERE ROUSSELL'.

» Viens-t-en, Cadet, viens-t-en.

BLONDINET.

» Oh ! j'y vais, allez. Autant vaut-il que je finisse,
» puisque vlà que c'est la fin. Mais après ça, ça
» fait quitte. Où en étais-je, Souffleur ?

LE SOUFFLEUR.

» O ciel !

BLONDINET *se remettant à genoux. A Cascarinette qui se lève.*

» Ne t'en va pas ; ce n'est pas fini ».

O ciel ! je le vois bien, c'est pour mieux me punir,
Que tu me rends ici le plus dur à mourir.
Qu'à mes pareils ma mort soit profitable :
Une femme d'un saint peut faire un misérable.

Fin de la Tragédie.

SCÈNE VI.

LA MÈRE ROUSSELL', LE PÈRE ROUSSELL', BONTEMS, DURILLAC.

LA MÈRE ROUSSELL'.

IL faut être bien hardi, pour traiter comme ça un jeune homme qui sait de quoi il retourne en fait de déclamation, et qui... Allez, M. Bontems, vous nous vaudrez ça.

M. BONTEMS.

Est-cê ma faute à moi? Je vois bien d'où ça vient.

DURILLAC *sur la scène.*

Citoyen Bontems, citoyen Bontems, Cadet Roussell' quitte la scène. La tragédie n'est pas finie ; j'ai encore quatré vers à dire avant d'expirer ; il faut qué jé passe lé plus beau dé mon rôle : ça n'est pas régalant.

M. BONTEMS.

C'est fini ; descendez, c'est fini.

LE PERE ROUSSELL'.

Oh ! je le crois ben que c'est fini ! Allez, Cadet a joué plus d'une fois dans la comédie bourgeoise, et quand on a un talent transparent comme le sien, on a plus de ménagement que ça.

SCÈNE VII.

LES MÊMES, VIGAGNOLET.

VIGAGNOLET.

JE crois que la victoire est à nous.

CADET.

Croyez-vous, M. Bontems, que je vais rester à votre théâtre après ce qui vient de m'arriver ?

LA MERE ROUSSELL'.

Viens-t-en, Cadet, viens-t-en.

BONTEMS.

Mère Roussell', un moment, je vous en prie ! Cadet Roussell', écoutez-moi ; je sais d'où vient votre désagrément, et vous pouvez vous en consoler. On est bien vengé de la boulette d'un cabaleur, quand on a les suffrages publics, et je vois qu'ils sont toujours pour vous.

CADET.

C'est fort honnête de votre part, et je n'ai pas celui de les mériter. Mais vous conviendrez quoique ça...

BONTEMS.

Tenez, ne crions pas; restez avec moi; vous y serez bien. Voulez-vous savoir le mot de l'énigme? Ma femme a promis Louison à Vigagnolet. C'est votre rival qui a fait la cabale. On rend justice à vos talens; mais en prétendant à ma fille...

CADET.

Votre fille ? Eh ! que ça me fait-il ? Je ne l'ai vue que deux fois. Si elle en aime un autre, qu'elle le prenne;

je suis au-dessus de ça. Vous me donnerez trente-cinq sols... J'ai de l'agrément et du profit... Mon fort, c'est la déclamation. Qu'on ne me dérange pas sur cet article, et je suis content... Je me soucie de votre fille comme de rien du tout.

BONTEMS.

Eh bien, vlà qu'est fini; je vous payerai bien. Donnez-moi la main, et oublions ces petits désagrémens.

CADET.

Je le veux bien; je reste avec vous. Mais que j'oublie! que j'oublie!... Oh! je connais celui qui m'a jeté des boulettes! Si je n'ai pas celui de retirer ma vengeance...

BELLEPOINTE.

Eh bien, c'est moi... Qu'est-ce que tu veux?

BONTEMS.

Allons, sortez de mon café, et ne me faites pas perdre mes acteurs.

(*Grand débat à l'arrivée du Caporal.*)

SCÈNE VIII.

LES MÊMES, UN CAPORAL *de la Garde nationale bégayant.*

LE CAPORAL.

HA-ÇA, Monsieur Bontems, je crois que vous vous f... faites un plaisir d'être toujours en retard... Savez-vous qu'il est onze heures passées?

BONTEMS.

Nous sommes effectivement en défaut... La tragèdie a fini plus tard que jamais; mais dans l'instant tout le monde va se retirer.

CADET.

C'est un quiproquo qu'il y a eu, M. le Caporal.

LE CAPORAL.

Je... je... je n'aime point les quiproquos, ni les incidens, Monsieur.

DURILLAC.

Il en faut dans la tragédie, des incidens.

LE CAPORAL.

Et moi, je n'en veux pas ; et f... faites-moi le plaisir de vous retirer, je vous en prie ; sans quoi, vous me f... forcerez à sévir contre vous ; m'entendez-vous, M. Bontems ?

BONTEMS.

Allons, Citoyens, vous entendez.

LE CAPORAL.

A la bonne heure.

BONTEMS.

M. le Caporal, voulez-vous me faire le plaisir de prendre un verre de punch ?

LE CAPORAL.

Je ne prends rien pendant le service.

SCÈNE IX ET DERNIÈRE.

LES MÊMES, *hors le Caporal*, Mlle. LOUISON.

BONTEMS.

ALLONS, mes enfans, avant de nous retirer, terminons par la petite chansonnette..

VAUDEVILLE.

AIR : *C'est ce qui me console.*

BONTEMS.

Du Café, pauvre commerçant,
Mon débit va toujours baissant;
C'est ce qui me désole.
Mais je puis fixer les chalans
Avec Roussell' et ses talens;
C'est ce qui me console. (*bis.*)

VIGAGNOLET.

Je vois qu'en demandant sa main,
Je vous ai causé du chagrin;
C'est ce qui me désole. (*bis.*)

CADET ROUSSELL'.

Ton mariage est arrêté;
Mais le divorce est décrété;
C'est ce qui me console. (*bis.*)

DURILLAC.

Vigagnolet, en sé levant,
Dira bonjour à cette enfant;
C'est cé qui mé désole. (*bis.*)

Mais comme elle reste au comptoir,
Je pourrai lui dire le bonsoir;
C'est cé qui mé console. (*bis.*)

CADET ROUSSELL'.

En regardant ce cabaleur,
Je sens renaître ma fureur;
C'est ce qui me désole. (*bis.*)
En regardant de ce côté,
Je sens renaître ma gaîté;
C'est ce qui me console. (*bis.*)

MLLE. DUBOIS.

De l'auteur peignez-vous l'état;
La peur le gagne, et son cœur bat;
C'est ce qui nous désole. (*bis.*)
Mais ce mal qui fait tant souffrir,
Un coup de main peut le guérir;
C'est ce qui nous console. (*bis.*)

FIN.

COMÉDIES NOUVELLES

Qui se trouvent chez le même Libraire.

L'Apothéose de Beaurepaire, comédie en 1 acte et en vers, du citoyen Lesur.	» l.	15 s.
Le Château du Diable, comédie héroïque en 4 actes et en prose, du citoyen Loaisel Tréogathe.	1	5
La Bisarrerie de la Fortune, comédie en 5 actes et en prose, par le même.	1	10
Le Cousin de tout le Monde, comédie en 1 acte et en prose, du citoyen Picard.	1	5
Les Brigands de la Vendée, opéra-vaudeville en 2 actes et en prose, par le C. Boullaut.	1	5
Arlequin friand, comédie en un acte et en prose, par le Citoyen Picard.	1	5
La Moitié du Chemin, comédie en trois actes et en vers, par le C. Picard. . .	1	10
A-bas la Calotte, ou les Déprêtrisés, comédie en un acte, par le citoyen Rousseau. . .	1	5
Le Rival Inattendu, comédie en 1 acte et en prose, par le citoyen Gassier St-Amand.	1	5
Michel Cervantes, comédie en trois actes, mêlée d'ariettes, paroles du Citoyen Gamas, musique du Citoyen Foignet. . . .	1	10
Dalmanzy, ou le Fils naturel, comédie en trois actes et en prose, par le C. Boullaut. .	1	10
Tout pour la Liberté, comédie en 1 acte et en prose, par le Citoyen Ch. L. Tissot. . . .	1	10

De l'Imprimerie de CORDIER, rue Neuve Beaurepaire, N° 382.